Sophie Frings

13 Wünsche: Manifestiere Unglaubliches während der Rauhnächte

Dein 5-Jahres-Workbook für deine Rauhnachts-Manifestationen
- inkl. Coaching-Fragen, Anleitung & Workbook sowie Ritualmaterialien

13 Wünsche: Manifestiere Unglaubliches während der Rauhnächte

Dein 5-Jahres-Workbook für deine Rauhnachts-Manifestationen - inkl. Coaching-Fragen, Anleitung & Workbook sowie Ritualmaterialien

Sophie Frings

Impressum

Bibliografische Information der Deutschen Nationalbibliothek: Die Deutsche Nationalbibliothek verzeichnet diese Publikation in der Deutschen Nationalbibliografie; detaillierte bibliografische Daten sind im Internet über http://dnb.dnb.de abrufbar.

Die automatisierte Analyse des Werkes, um daraus Informationen insbesondere über Muster, Trends und Korrelationen gemäß §44b UrhG („Text und Data Mining") zu gewinnen, ist untersagt.

© 2024 Sophie Frings

Verlag: BoD · Books on Demand GmbH, In de Tarpen 42, 22848 Norderstedt

Druck: Libri Plureos GmbH, Friedensallee 273, 22763 Hamburg

ISBN: 978-3-7693-1773-2

INHALTSVERZEICHNIS

ERLÄUTERUNG

Die Rauhnächte finden zwischen dem 25. Dezember und dem 5. Januar eines jeden Jahres statt. Ursprünglich handelt es sich um eine germanisch-keltische Tradition. Es heißt, dass die Energien besonders gut für Manifestationen seien. Jeder Tag steht für einen Monat im folgenden Jahr. Ich selbst und andere haben durch diese „Methode" ihr Baby, Geld, Urlaube und viele andere Dinge und Ereignisse manifestiert. Mit meiner heutigen Erfahrung würde ich es nicht mehr so ernst & spirituell praktizieren. Damit meine ich, das Haus mit Salbei zu räuchern, die Wäsche an diesen Tagen nicht zu waschen und vieles mehr. Deshalb bekommst du in diesem Journal die Kernessenz.

Für mich ist es jedes Jahr fast eine neue Herausforderung, 13 Wünsche aufzuschreiben, die wirklich MEINE EIGENEN Wünsche sind und nicht die von jemand anderem oder „nett zu haben, aber eigentlich würde es mich nicht erfüllen". 5-6 Wünsche sind einfach, aber 13? Es ist das Brainstorming, die Selbsterkenntnis, die Ehrlichkeit sich selbst gegenüber, und die Klarheit, die wir uns im Alltag oft nicht eingestehen. Um dich mit deinen Wünschen und Sehnsüchten zu verbinden, kannst du meditieren, indigene Trommel- oder Rasselmusik hören, dein Handy für einen Tag oder länger weglegen und schweigen. Was auch immer dir in den Sinn kommt, um dich mit dir selbst, deinem Körper, deinem Herzen und/oder deiner Seele zu verbinden, ist für dich genau richtig. Bitte denke daran: Um dich mit dir selbst zu verbinden, gebe ich dir hier ein paar Impulse mit und lade dich ein, die Dinge zu tun, die dir in den Sinn kommen. Am Ende liegt es an dir, was du tust & was nicht.

Bevor es am 25. Dezember losgeht, werde dir über deine Wünsche, Ziele und Sehnsüchte klar. Dazu kannst du (kein Muss) journaln (Fragen gibt es in diesem Buch), meditieren, eine schamanische Reise machen, in die Natur gehen, schweigen oder etwas anderes. Dann ist auch schon die meiste Arbeit geschafft. Schreibe nun die 13 Wünsche auf je ein kleines Stück Papier (Materialien hierfür findest du im Workbook-Bereich). Formuliere den Wunsch in der Gegenwart und positiv: *„Ich bin dieses Jahr bereit, voller Freude schwanger zu werden und Mutter eines lebendigen und gesunden Kindes zu werden"* als Beispiel. Mehr zur Formulierung findest du in den nächsten Kapiteln. Falte jeden Zettel so, dass du nicht mehr sehen kannst, welcher Wunsch auf welchem Zettel steht. Ab dem 25. Dezember nimmst du an jedem der 12 Abende einen Zettel - einfach den, der sich richtig anfühlt - und verbrennst ihn sicher und vorsichtig. Vergisst du es einen Abend, verbrennst du am nächsten zwei. Ein Stück Papier bleibt logischerweise übrig. Um diesen Wunsch kümmerst du dich selbst, um die verbrannten kümmert sich das

Universum - natürlich in Kooperation mit dir. Ich schreibe gerne alle meine 13 Wünsche auf ein Blatt Papier und lese sie mir am Ende des nächsten Jahres durch. Es ist erstaunlich, was sich alles manifestiert hat und wie sich gleichzeitig meine Einstellung zu bestimmten Wünschen im Laufe des Jahres verändert hat. Einige sind mir zum Beispiel nicht mehr wichtig und das ist auch gut so. Du kannst natürlich viel mehr aus den Rauhnächten machen. Manche machen die Wäsche vorher, weil sie glauben, dass sie in diesen kostbaren Tagen und Nächten nicht gemacht werden sollte. Andere räuchern das Haus mit weißen Salbei. Letzten Endes glaubst du, woran du glauben möchtest. Ich praktiziere zum Beispiel die Rauhnächte teilweise auch im Sommer. Warum sollte ich auf eine bestimmte Jahreszeit warten, wenn ich ein kraftvolles, spirituelles Wesen bin? Das Wichtigste ist, dass du weißt, was du willst und wie du es in deinem Leben willkommen heißen bzw. es empfangen kannst.

WÜNSCHE FORMULIEREN

Hier sind ein paar Tipps, wie du deine Wünsche am besten formulieren kannst:
- Formulier sie im Präsens - es ist bereits geschehen, es ist da, es geschieht (*„Ich bin reich"* statt *„Ich möchte reich werden"*)
- Formuliere sie positiv, ohne *„nicht"*, *„nein"*, *„wenn ..., dann..."*.
- Manifestiere nur für dich selbst, nicht für andere.

- Für Zahlen: *„Summe XY oder mehr/weniger/besser"*. Bei Geld zum Beispiel: *„Summe XY [Währung] oder mehr"*, denn vielleicht will dir das Universum viel mehr geben, als du dich zu bestellen traust? Lass es offen, indem du formulierst, dass du einen bestimmten Betrag oder mehr möchtest. Konkrete Zahlen helfen den einen, andere geraten in den Panik- oder Freeze-Modus. Bleiben wir beim Thema Geld. Manche Menschen sind motiviert, ein bestimmtes Einkommen, einen bestimmten Kontostand usw. zu manifestieren, während andere sich mit den folgenden Aussagen wohler fühlen: *„Ich nehme immer viel mehr/doppelt so viel Geld ein, wie ich ausgebe"*. Finde heraus, was für dich persönlich am besten ist.*
- Da wir (fast) alles manifestieren können, sind auch immaterielle Dinge möglich. Wie wäre es mit Gelassenheit, Spaß, Leichtigkeit, Entspannung, Freude? Es muss nicht immer das Auto, das Haus oder der Kontostand sein. Es können natürlich auch die Gefühle sein. Auch hier ist es positiv: Statt *„Ich will ein stressfreies Leben"* sag lieber *„Ich lebe in Leichtigkeit!"*
- Optional kannst du hinzufügen: *„aus bekannter & unbekannter Quelle"* sowie *„so oder besser"*

**Als ich für mich herausgefunden habe, dass ich zu Gruppe gehöre, die mit konkreten Zahlenzielen nicht so gut umgehen kann, habe ich angefangen, mir ungewöhnliche Ziele zu setzen. Hier ein Beispiel: mein Freund isst ab und zu gerne bei einer berühmten Fast Food Kette, dessen Aktien handelbar sind. Ich habe mir als Ziel gesetzt, so viele Aktien von diesem Unternehmen zu halten, dass wir unser Essen von dort mit den Dividenden bezahlen können. Das habe ich mir dann ausgerechnet und als Ziel gesetzt.*

Möglich ist, was du für möglich hältst UND was dein Nervensystem zu empfangen bereit ist sowie halten kann. Das berühmteste Beispiel ist der Gewinn im Lotto. Es war dein Wunsch, du hast ein Los gekauft und gewonnen. Die Lotterie zahlt dir nun das Geld aus, sagen wir eine Million. Ich streite gar nicht ab, dass dir dieser Gewinn auch viel Freude und vielleicht etwas Gelassenheit bereitet. Was würdest du als Erstes tun, nachdem du den Kontoauszug mit dem neuen Kontostand siehst? Du gibst vermutlich etwas Geld aus, verschenkst es vielleicht an Familie und Freunde, spendest es. Aber nach einiger Zeit wirst du dir bewusst, dass du nie an einen solchen Geldbetrag gewöhnt warst und jetzt kommen all die Glaubenssätze, Überzeugungen und Gefühle an die Oberfläche. Diese können zum Beispiel lauten:

- *Ich bin es nicht wert*

- *Was ist, wenn ich all dieses Geld verliere?*

- *Es ist nicht fair, dass ich so viel Geld habe, während so viele Menschen hungern/es ihnen schlecht geht*

- *Ich gehöre nicht mehr zu meiner Familie*

- *Wer bin ich, dass ich so viel besitze?*

- *Ich kann nicht gut mit Geld umgehen*

- *Geld verdirbt den Charakter*

- *Reiche Leute gehen über Leichen*

- *Ich brauche mehr Geld*

- *Es ist nicht genug Geld vorhanden*

- *Wenn ich mehr Geld verdiene, werden andere weniger haben*

- *Wenn ich zeige, was ich habe, wird es mir weggenommen (Diebstahl, Steuern, ...)*

- *Reiche Menschen ... (trag hier ein, was immer dir in den Sinn kommt - dies ist übrigens eine großartige Coaching-Übung)*

- *Eine Menge Geld zu haben ...*

- *...*

Bleiben wir beim Lottogewinn. Wahrscheinlich möchtest du auch etwas Geld ausgeben, um endlich die Dinge zu tun, die du schon immer tun wolltest: in den Urlaub fahren, schöne Kleidung kaufen, ein neues Auto, einen Kredit abbezahlen, ... und schon wird es weniger Geld. Du kannst es dir wie eine Klimaanlage vorstellen: Du stellst eine bestimmte Temperatur ein, und unabhängig davon, ob die Türen und Fenster geöffnet sind, tut die Klimaanlage alles, was sie kann, um die eingestellte Temperatur für den Raum zu erreichen und zu halten. So in der Art funktioniert auch dein Nervensystem. Auf der Grundlage unserer inneren, unbewussten Überzeugungen tun wir Dinge, die teilweise absolut keinen Sinn ergeben, aber es fühlt sich in diesem Moment richtig oder sicher für uns an. Alles was unser Nervensystem will bzw. das Steinzeithirn, das noch Angst vorm Säbelzahntiger hat, ist Sicherheit.

Wenn man Lottomillionäre nach ein paar Jahren besucht, ist die Wahrscheinlichkeit hoch, dass nur nicht mehr viel vom Gewinn übrig ist. Ihre innere „Geld-Klimaanlage" hat ihre Arbeit getan: sich wieder sicher zu fühlen.

Du fragst dich jetzt wahrscheinlich, WIE du die Einstellung deiner inneren Klimaanlage ändern kannst? Es spielt keine Rolle, ob es um Geld geht. Ich habe Geld nur als Beispiel genommen, weil es für jeden leicht verständlich ist. Du kannst das Thema Geld und durch Liebe, Karriere, Familiengründung oder was auch immer ersetzen.

Meiner Meinung nach ist der erste Schritt, sich über seine Wünsche, Ziele und Sehnsüchte klar zu werden. Und es ist völlig in Ordnung, wenn sie sich unterwegs ändern. Du solltest den Muskel trainieren, ehrlich zu dir selbst zu sein, was du wirklich willst und vielleicht auch warum. Meine Lieblings-Coaching-Methode ist die Arbeit mit dem inneren Kind sowie anderen inneren Anteilen in Kombination mit Meditationen. Meiner Erfahrung nach macht die Zusammenarbeit mit einem Coach hier Sinn, um individuelle Themen zu lösen.

Der nächste Schritt ist zu üben, WIE sich das Erreichen dieses Ziels oder das Leben dieses Traums in deinem Körper anfühlt. Das ist ein aktiver, täglicher Prozess. Gleichzeitig solltest du dir bewusst machen, was du tust und was du nicht tust. Angenommen es ist dein größter Wunsch, den Traumpartner zu finden, aber du möchtest das Haus nicht verlassen oder hast Angst, mit Menschen zu sprechen. Vielleicht bekommst du einen Impuls für eine bestimmte Veranstaltung, aber dann hast du keine Lust hinzugehen und bleibst zu Hause. Ich habe die Erfahrung gemacht, dass wir manchmal etwas sehr wollen, wir stehen uns dann aber selbst im Weg. Wir sehen lieber auf der Couch fern, als ein Online-Dating-Profil zu erstellen oder den einen Mann oder die eine Frau anzuschreiben. Drei meiner Freunde haben ihren Partner durch eine einfache Nachricht in den sozialen Medien gefunden. Stell dir vor, sie hätten diese Nachricht nie verschickt? Und natürlich fühlt es sich am Anfang seltsam an, vielleicht kommt Angst auf, Scham, ... Letztendlich liegt es an dir. Ich würde vorschlagen, sich diesen Emotionen zu stellen, sie in Dankbarkeit zu umarmen, sie zu spüren und sie dann ans Universum abzugeben.

Der letzte Schritt besteht darin, deinem Ziel in kleinen Schritten näher zu kommen. Hier sind einige Beispiele:

Traumpartner

- Selbstbewusstsein stärken: Selbstwertgefühl stärken, dich und deinen Körper wertschätzen z. B. mit einem neuen Haarschnitt, …
- Events: auf Events und Veranstaltungen gehen, an denen Menschen mit ähnlichen Interessen sind, sich neuen sozialen Kreisen öffnen, Dating-Profil auf einer zu dir passenden App eröffnen, …
- Selbst der Partner deiner Träume werden: lerne deine Bedürfnisse zu kommunizieren, Bücher zu gesunden Beziehungen lesen, Beziehungsmuster aus vergangenen Beziehungen reflektieren, sich aus alten Beziehungen und Beziehungsmustern lösen (Coaching), Beziehung zu den eigenen Eltern aufarbeiten, …

Geld

- Geld haben/halten: Werde dir über die Gründe bewusst, warum du dem Geld hinterherrennst oder es aus deinem Leben fern hältst (wie sah die Beziehung deiner Eltern zu Geld aus?), finde heraus, wo du das Gefühl dazu in deinem Körper findest, finde einen für dich passenden Weg, Geld zu sparen und ggf. zu investieren, ...

- Investieren: Podcasts hören, Videos anschauen, Demokonto eröffnen, klären, ob du in Aktien, Fonds, Anleihen, Immobilien, Unternehmen, Land, Wald, Krypto und/oder etwas anderem investieren möchtest?!*

- Mehr Geld verdienen: Verhandeln lernen, ein Buch über Verhandlungstaktik lesen, Verhandlungen üben, um eine Gehaltserhöhung bitten, eine neue Fähigkeit erlernen, Preise anpassen, weitere Einkommensquellen, …

*Hier ist eine weitere Geschichte aus meinem Leben: Ich saß in einem Coaching-Call und wir wurden gefragt, was wir mit 100.000 € machen würden. Ich antwortete, dass ich es investieren würde. „In was?", fragte der Coach. „In Aktien", war meine Antwort. „In welche Aktien?" Sie hatte mich erwischt! Ich hatte keine Antwort. Es gibt Tausende von Aktien. Also habe ich mich an die Arbeit gemacht, herausgefunden, in welche Aktien ich investieren würde, und dabei habe ich gelernt, dass ich die 100.000 € für den Anfang nicht brauche. Ich kann mit 25 € pro Monat anfangen! Also habe ich losgelegt.

Jetzt bist du dran: Wähl dein Thema und erstell eine Liste von kleinen Schritten, auch wenn diese nicht wirklich logisch oder illegal sind (bitte tu es nicht, streich diese nach dem Brainstorming einfach durch!!!). Es geht darum, zunächst die Kreativität anzuregen und dann mit gesundem Menschenverstand in den Aktionsmodus zu kommen - auf legale Weise -, NACHDEM du dir über deine Ziele, Wünsche und/oder Sehnsüchte klar geworden bist und eine erste emotionale und somatische Arbeit geleistet hast. Tu etwas, das auf der Liste steht und sich richtig anfühlt, auch wenn es irgendwie unsicher ist oder die Angst sagt *„aaaaaaaah, oh mein Gott, das könnte ich nie tun".*

Mein persönlicher Tipp:

Einer meiner besten Tipps, wenn es ums Manifestieren geht, ist folgender:

RÄUM AUF & ENTRÜMPLE DEIN LEBEN!

Im allerersten Coaching-Buch, was ich zum Thema Persönlichkeitsentwicklung gelesen habe, hieß es, dass unser Leben wie ein Vakuum funktioniert. Wenn alles voll ist (Schränke, Garage, Keller, Regale, keine Übersicht über Finanzlage, Speicherplatz im Handy, …), kann nur wenig Neues in unser Leben kommen. Zudem ist es ein Prozess. Wer mit dem Manifestieren anfängt, hat einen besonderen Drive und möchte meist, dass sich sein Leben komplett ändert. Das ist natürlich total legitim. Manchmal jedoch brauchen die Dinge oder wir Zeit, uns in neue Lebensweisen einzufinden, uns an ein neues Level (ich mag das Wort nicht, finde aber kein besseres) zu gewöhnen. Die ersehnten Quantensprünge kommen - meiner Erfahrung aus meinen eigenen Leben und aus dem von Klienten - unverhofft, plötzlich, spontan und ohne Vorwarnung, ABER sie kommen! Das Witzige: wir merken es dann meist gar nicht, weil es die logische Konsequenz ist. Trenn dich von Dingen, die du nicht mehr brauchst, räum auf, lehn dich zurück & genieß die Reise!

In dem Moment, in dem wir uns über unsere Ziele, Wünsche und Sehnsüchte klar werden, sind wir oft Feuer und Flamme! Das ist großartig! Nach einer Weile tauchen jedoch meist die ein oder andere Angst und andere Gefühle auf. Vielleicht kommt ein Gefühl der Ungeduld oder des Scheiterns auf: *„Bei allen anderen scheint es zu klappen, aber bei mir nicht"*.

Bring dich in diesen Fällen wieder in den gegenwärtigen Moment zurück. Ich liebe die Frage *„Ist mein Überleben gerade in Gefahr?"*. Stell dir diese Frage mindestens dreimal. Es mag ein bisschen verrückt und übertrieben erscheinen, aber glaube mir, du fühlst dich danach wahrscheinlich viel ruhiger. Die Sache ist die: In der Sekunde, in der wir uns im Überlebens- und Panikmodus befinden, können wir keine logischen Entscheidungen mehr treffen. Kampf-, Erstarrungs- oder Fluchtmodus (fight, flight, freeze response) werden aktiviert. Das dreimalige Fragen beruhigt uns. Vielleicht hast du auch eine eigene Technik, was toll ist! Verwende das, was dir gut tut, um dich zu beruhigen. Tiefe Atemzüge sind ebenfalls eine weitere gute Möglichkeit.

Richte deinen Fokus auf das, was bereits ist. Wo warst du schon erfolgreich? Was hast du bis jetzt schon alles manifestiert? Was ist, wenn es bereits da ist (dein Traumpartner trinkt vielleicht jetzt gerade irgendwo einen Kaffee?) und du dich nur noch für die Möglichkeiten öffnen und diese in dein Leben lassen müsstest? Was ist, wenn das Universum oder Gott noch bessere Pläne für dich hat?

Ich habe die Erfahrung gemacht, dass sich manche Wünsche sehr schnell manifestieren. Du schreibst den Wunsch auf oder sprichst es gerade laut aus und tada, schon ist er erfüllt. Andere Wünsche brauchen Monate, Jahre, Jahrzehnte. Im Nachhinein ist es genau richtig und logisch, dass erst andere Dinge passieren oder aus dem Weg geräumt werden mussten, damit sich etwas manifestieren konnte. Natürlich ist das im Moment manchmal frustrierend. Gleichzeitig ist dieser emotionale Zustand eine großartige Einladung, sich anzuschauen, wo und warum wir ungeduldig sind. Ich möchte dir eine Geschichte aus meinem Leben erzählen: Mit 28 Jahren wollte ich unbedingt Mutter werden. Aber irgendwie hatte das Leben andere Pläne. Im Alter von 31 Jahren brachte ich unser erstes Kind zur Welt. In diesen drei Jahren machte ich mich selbstständig, begann zu investieren, erbte Geld, wurde finanziell unabhängig, und rückblickend wäre ich mit 28 Jahren nach der Geburt nicht so ruhig gewesen wie mit 31. Im Nachhinein betrachtet war es genau richtig, nicht schon früher Mutter zu werden. Ich wusste aber damals noch nicht, was alles geschehen wird.

Ich möchte dich auch ermutigen, einfach anzufangen, DEIN Leben zu leben und zu genießen. Im Laufe der Jahre kann sich deine eigene Definition von *„das Leben genießen"* ändern! Uns wird oft beigebracht, beständig zu sein, dabei ist das Leben alles andere, nur nicht beständig.

Fragen helfen manchen Menschen, zum Kern vorzudringen oder ihre Wünsche zu entdecken. Ich möchte dir eine Liste mit meinen besten Coaching- und Reflexionsfragen an die Hand geben. Es ist absolut nicht nötig, jede Frage zu beantworten. Nicht einmal die Reihenfolge der Fragen muss eingehalten werden. Such dir die Fragen heraus, die dir ins Auge fallen.

Träumen

Wenn alles möglich wäre, dann ... was dann? Was würdest du gerne in deinem Leben haben oder wie würdest du dein Leben leben wollen, wenn alles möglich wäre? Wenn es keine Grenzen gäbe?

- *Was würde (Gutes/Schlechtes) passieren, wenn ich mein Ziel erreiche?*

- *Wenn ich 100 % ehrlich zu mir selbst wäre, was wäre dann anders?*

- *Angenommen eine Fee käme heute Abend und würde mir 3 Wünsche erfüllen. Wie würden diese lauten?*

- *Wenn ich nur noch 1 Jahr zu leben hätte, was würde ich von jetzt an anders machen?*

- *Auf einer Skala von 1 bis 10: Wie sehr lebe ich das Leben, das ich leben möchte? Was wäre eine 1 und was wäre eine 10? Und was müsste ich tun oder was müsste geschehen, um auf 10 zu kommen? Was sollte ich sein lassen, um eine 10 zu erreichen?*

- *Auf einer Skala von 1 bis 10: Wie zufrieden bin ich mit meiner derzeitigen finanziellen / beruflichen / familiären / _________ Situation? Was wäre eine 1 und was wäre eine 10? Und was müsste ich tun, was müsste ich beenden bzw. nicht mehr tun oder was müsste geschehen sein, um auf 10 zu kommen?*

Jährliche Reflexion

- *Was hat mir in diesem Jahr besonders gut gefallen?*

- *Woran werde ich mich in Zukunft gerne erinnern?*

- *Angenommen ich könnte im nächsten Jahr eine Sache ändern, welche wäre das?*

- *Wie schön kann das nächste Jahr werden?*

- *Was habe ich in diesem Jahr besonders gut gemacht?*

- *Worauf freue ich mich im nächsten Jahr besonders?*

- *Es wird mir warm ums Herz, wenn ich an dieses Jahr zurückdenke, weil ...*

- *Welche guten Dinge habe ich in diesem Jahr für mich getan?*

- *Welche Menschen haben mir das Jahr verschönert?*

- *Wofür bin ich dankbar?*

- *Welche Orte haben mir gut getan?*

- *Was möchte ich mir im nächsten Jahr Gutes tun?*

- *Was möchte ich im nächsten Jahr entdecken?*

- *Wann war ich in diesem Jahr besonders stolz auf mich?*

- *Wie kann mein nächstes Jahr außergewöhnlich werden?*

- Wenn ich einen Wunsch für das nächste Jahr hätte, was wäre das?

- Wie kann ich mein nächstes Jahr total genial machen?

- Wie werde ich auf dieses Jahr wohl in 5 Jahren zurückblicken?

- Wann hatte ich in diesem Jahr ein Gefühl der Erfüllung, des Glücks oder der Freude?

- Wenn ich meinen Körper fragen würde, was er braucht, um glücklich zu sein, wie würde die Antwort lauten?

- Angenommen ich wüsste mit Sicherheit, dass meine Träume irgendwann in Erfüllung gehen würden: Was wäre dann anders für mich?

- Welche positive Eigenschaft schätze ich an mir?

Ab dem nächsten Kapitel findest du im Workbook-Bereich Platz, um die Fragen zu beantworten, deine Gedanken zu deinen Wünschen sowie deine finalen Wünsche & Ziele aufzuschreiben. Bitte denk daran, dass es nicht darum geht, sich nur materielle Dinge zu wünschen. Natürlich ist das möglich, darum geht es nicht nur. Ich möchte dich nur ermutigen, dass du dir auch immaterielle Dinge wünschen kannst und darfst. Hier ist ein Beispiel: *„Ich führe eine liebevolle, vertrauensvolle und intime Beziehung zu meinem Partner"*. Dir stehen auch ein paar leere Seiten zur Verfügung, falls du zeichnen, malen oder ein Vision Board erstellen möchtest. Ganz am Ende des Buches ist ebenfalls noch ausreichend Platz für weitere Notizen.

Und jetzt lasst uns anfangen! Journal zuerst, wenn es sich gut anfühlt, beantworte einige der Fragen und werde dir über deine Wünsche bewusst. Danach schreibst du alle 13 Wünsche in die Liste und in die Kästchen, welche du ausschneidest und faltest. Jeden Abend verbrennst du ein gefaltetes Stück Papier. Es bleibt eines übrig, das deine Aufgabe ist und hier ins Buch eingeklebt werden kann. Alternativ häng es dir an den Kühlschrank oder irgendwo anders hin, wo du es gut siehst, um dich das Jahr daran zu erinnern. Darauf folgt die Magie!

Lass mich gerne wissen, welche magischen Dinge in deinem Leben passiert sind!

Ich wünsche dir alles Gute!

Deine Sophie

1. MEINE 13 WÜNSCHE

Datum ___________________

Erinnere dich später an deine Wünsche, indem du hier alle notierst:

1. ____

2. ____

3. ____

4. ____

5. ____

6. ____

7. ____

8. ____

9. ____

10. ____

11. ____

12. ____

13. ____

Schreibe jeden Wunsch in eine Box, schneide sie aus, falte sie & verbrenne an 12 Abenden je 1 davon.

1	2	3
4	5	6
7	8	9
10	11	12
	13	

Diesen Wunsch übernehme ich:

(Hier einkleben)

Datum ___________________

Erinnere dich später an deine Wünsche, indem du hier alle notierst:

1. ____

2. ____

3. ____

4. ____

5. ____

6. ____

7. ____

8. ____

9. ____

10. ____

11. ____

12. ____

13. ____

Schreibe jeden Wunsch in eine Box, schneide sie aus, falte sie & verbrenne an 12 Abenden je 1 davon.

1	2	3
4	5	6
7	8	9
10	11	12
	13	

Diesen Wunsch übernehme ich:

(Hier einkleben)

Datum _______________

Erinnere dich später an deine Wünsche, indem du hier alle notierst:

1. ____

2. ____

3. ____

4. ____

5. ____

6. ____

7. ____

8. ____

9. ____

10. ____

11. ____

12. ____

13. ____

Schreibe jeden Wunsch in eine Box, schneide sie aus, falte sie & verbrenne an 12 Abenden je 1 davon.

1

2

3

4

5

6

7

8

9

10

11

12

13

Diesen Wunsch übernehme ich:

(Hier einkleben)

Datum ______________________

Erinnere dich später an deine Wünsche, indem du hier alle notierst:

1. ____

2. ____

3. ____

4. ____

5. ____

6. ____

7. ____

8. ____

9. ____

10. ____

11. ____

12. ____

13. ____

Schreibe jeden Wunsch in eine Box, schneide sie aus, falte sie & verbrenne an 12 Abenden je 1 davon.

1

2

3

4

5

6

7

8

9

10

11

12

13

Diesen Wunsch übernehme ich:

(Hier einkleben)

Datum _______________

Erinnere dich später an deine Wünsche, indem du hier alle notierst:

1. ____

2. ____

3. ____

4. ____

5. ____

6. ____

7. ____

8. ____

9. ____

10. ____

11. ____

12. ____

13. ____

Schreibe jeden Wunsch in eine Box, schneide sie aus, falte sie & verbrenne an 12 Abenden je 1 davon.

1

2

3

4

5

6

7

8

9

10

11

12

13

Diesen Wunsch übernehme ich:

(Hier einkleben)

NOTIZEN

SOPHIE FRINGS

machte nie das, was alle machten. In der 11. Klasse gingen viele in die USA, Sophie wählte für das Austauschjahr Finnland, weshalb sie bis heute fließend Finnisch spricht. Als alle nach dem Abitur studierten, absolvierte sie eine Bäckerlehre in Düsseldorf. Nachts in einer Männerdomäne lernte sie vor allem eines: Schlagfertigkeit einhergehend mit Selbstbewusstsein.

Genau das brauchte sie, als sie ein paar Jahre später nach dem Studium zur Wirtschaftsingenieurin Geschäftsführer im Handwerk beriet. Durch eine Quarterlife-Krise ausgelöst durch die Krebserkrankung ihres Vater, bahnte sich der Weg ins Coaching. Am eigenen Leib spürte sie, wie Krisen ein großartiges Geschenk sein können und welchen enormen Einfluss Glaubenssätze, Muster und (Familien-) Verstrickungen auf uns haben. Da solche Blockaden kinderleicht gelöst werden können, krempelte sie ihr gesamtes Leben um, kündigte und machte sich selbständig.

Mittlerweile arbeitet sie online als Business & Geld Coach und schreibt Bücher im Bereich Unternehmensführung und moderner Spiritualität. Ihre Herzensprojekte sind ihr Podcast und ihre Online Kurse zu finanzieller Bildung.

Let's get social: Du findest Sophie auf Instagram, Pinterest sowie natürlich über ihre Website: www.sophiefrings.de

Ich freue mich, von dir zu hören!

Alles Liebe
Sophie

VISIONBOARD *to go*

Erstelle dein persönliches Visionboard mit all deinen Wünschen, Zielen & Träumen - überall & jederzeit! inkl. Bonus-Meditation

VISION BOARD SET: Ein Visionboard ist eine sehr machtvolle Methode, mit der du dir dein Traumleben manifestieren kannst. Das Visionboard to go -Motivationsbuch enthält jede Menge ansprechender Visionboard Bilder, Buchstaben, Zahlen, Wörter etc., damit du dein persönliches Visionboard erstellen kannst. Ein richtiges Visions-Buch! Somit ist auch Schluss mit all den vielen Zeitschriften und Zeitungen, die gesammelt werden müssen! Du brauchst nicht mal einen Drucker ;)

BONUS #1: Unterstützende Coaching-Fragen verhelfen dir dazu, deine eigenen Ziele zu finden und diese zu manifestieren. Du erhältst außerdem Tipps rund ums richtige Manifestieren sowie Inspiration, um Krisen zu meistern.

BONUS #2: Tiefgehende Meditation für die Reise zu deiner persönlichen Vision!

ISBN-13: 9783758370021